Pfarrer Johannes Schmidt

Fromm durchgeharkt

Was hast du für Wunder vollbracht, Herr!
Alles hast du weise geordnet,
und die Erde ist voll mit deinen Geschöpfen.

Psalm 104,24

Pfarrer Johannes Schmidt

FROMM
DURCHGEHARKT
Ein unterhaltsamer Rundgang durch
Bibel & Garten

benno

Bibliografische Information der Deutschen Nationalbibliothek
Die Deutsche Nationalbibliothek verzeichnet diese Publikation in der Deutschen Nationalbibliografie; detaillierte bibliografische Daten sind im Internet über http://dnb.d-nb.de abrufbar.

Besuchen Sie uns im Internet:
www.st-benno.de

Gern informieren wir Sie unverbindlich und aktuell auch in unserem Newsletter zum Verlagsprogramm, zu Neuerscheinungen und Aktionen. Einfach anmelden unter www.vivat.de.

ISBN 978-3-7462-6149-2

© St. Benno Verlag GmbH, Leipzig
Umschlag: Rungwerth Design, Düsseldorf
Gesamtherstellung: Kontext, Dresden (B)

Vorwort

Herzlich willkommen! Öffnen Sie dieses Buch wie ein Gartentor und lassen Sie sich von Gänseblümchen, Erdbeere oder Marienkäfer erzählen, was diese mit dem christlichen Glauben verbindet. Sie werden staunen, wie „fromm" auch ihr eigener Garten ist. Wissen Sie, wie die Rose Gloria Dei zu ihrem Namen kam? All dies und manch anderes erfahren Sie auf den folgenden Seiten. Doch ist dieses Buch kein Roman, den Sie chronologisch abarbeiten sollten. Schmökern Sie doch lieber vor dem Zubettgehen in der einen oder anderen Geschichte.

Herzlich danke ich Frau Regina Kreitel für alle botanische Beratung und Herrn Tobias Schmidt, der die Texte sprachlich überarbeitete. Nicht zuletzt danke ich dem katholischen St. Benno Verlag, der mich – den protestantischen Pastor – freundlich ins Verlagsprogramm aufnahm.

Doch nun nehmen Sie das Buch zur Hand und „harken" Sie Bibel, Glaube und Garten kräftig und „fromm durch".

Apolda, im Frühjahr 2022
Johannes Schmidt

Inhalt

Von Bäumen
und solchen,
die es sein wollen

Drei Samenkörner für Seth

Die Legende vom Lebensbaum

Pflanzen und Blumen erzählen vom Leben. Wir moderne Menschen sind oft taub dafür, weil wir meinen, wir könnten das ganze Leben in Lehrsätze fassen. Doch wie berechnet man Liebe oder Vertrauen? Generationen vor uns haben das Leben nicht mit Lehrsätzen, sondern mit Geschichten beschrieben. Hören wir auf so eine Geschichte: Es ist die Legende vom Lebensbaum.

„Nachdem Adam und Eva vom Baum der Erkenntnis gegessen hatten, wurden sie aus dem Paradies vertrieben, damit sie nicht noch nach dem Baum des Lebens griffen. Und sie richteten sich ein im Leben, in der Welt, in der Familie. Als Adam zum Sterben kam, schickte er seinen spät geborenen Sohn Seth an die Pforte des Paradieses.
Der Erzengel Michael, der den Eingang bewacht, hat Mitleid mit den sterblichen Menschen und er gibt Seth drei Samenkörner vom Baum des Lebens. Sie sollen bei den Menschen die Hoffnung auf die Rückkehr ins Paradies wachhalten. Der Engel gibt Seth die Anweisung, nach dem Tode Adams die Samenkörner unter seine Zunge zu legen und ihn danach zu beerdigen. Drei Tage später stirbt Adam und Seth tut, was der Engel ihn geheißen hat.

Unerkannt wuchs aus diesen drei Körnern auf dem Berg Moriah, der auch Golgatha heißt, der Baum des Lebens. Doch zur Zeit des Pontius Pilatus kamen römische Soldaten und schlugen ihn ab. Sie nahmen sein Holz und zimmerten daraus das Kreuz, an dem man den Gottessohn hinrichtete. So wurde aus dem Lebensbaum der Kreuzesbaum.

Unter dem Kreuz aber stand der Jünger, den der Herr liebte, und schaute in die Ferne. Er sah weit, weiter als Menschenaugen blicken können. Und er sah einen Garten. Und in dem Garten einen Strom lebendigen Wassers, der von Gottes Thron floss, und auf beiden Seiten des Flusses Bäume des Lebens. Die tragen 12-mal Früchte im Jahr, und ihre Blätter dienen zur Heilung der Völker."

Bei einem Lehrsatz können wir sagen: richtig oder falsch. Bei einer Geschichte geht das nicht. Denn sie erzählt vom Leben und das Leben hat viele Wahrheiten. Haben Sie Ihre Wahrheit gefunden?

Von Akazie bis Zeder

Das ABC der Bäume

In der Bibel werden etwa 30 verschiedene Bäume genannt. Mit 80 Erwähnungen ist die Zeder der am häufigsten genannte Baum. Ihr Bauholz war hoch begehrt und musste aus dem Libanon eingeführt werden. Der hohe und schöne Baum steht für Stärke und Stabilität. König Salomo, Herrscher Israels im 10. vorchristlichen Jahrhundert, nutzte Zedern beim Bau des ersten jüdischen Tempels in Jerusalem. Noch heute führt der Libanon eine Zeder in seiner Staatsflagge. Eichen kommen etwa 33-mal im Alten Testament vor und dienten meist als eine Art Wegmarke. Gleichzeitig waren sie oft mit kultischen Stätten verbunden. Eine besondere Bedeutung kommt der Akazie zu. Entsprechend ihrem natürlichen Vorkommen wird sie fast ausschließlich im Kontext der im Alten Testament berichteten Wüstenwanderung des Volkes Israel erwähnt. Denn die Bundeslade war aus vergoldetem Akazienholz gefertigt. Die „Bundeslade" war eine Truhe, in der sich die Steintafeln mit den Zehn Geboten befanden, die Grundlage des Bundes Gottes mit dem Volk Israel. Wie die Zeder erscheint auch die Zypresse in der Liste jener Bäume, deren Holz beim Bau des neuen Tempels verwendet werden sollte. Ihr Holz wurde vor allem wegen seiner Dauerhaftigkeit und der Widerstandskraft gegen Verrottung auch beim Schiffsbau eingesetzt. Der Name des Holzes für den Bau der Arche Noah kann mit Tanne, Wacholder oder Zypressenholz übersetzt werden.

Eine ganz andere Gruppe sind die „Obstbäume", die mit ihren Früchten die Ernährung sichern. An vorderster Stelle müssen wir hier den Ölbaum nennen. Olivenöl war ein Hauptnahrungsmittel, wurde aber ebenso für die Körperpflege, Medizin sowie als Brennstoff verwendet. Für all dies benötigte eine Familie im alten Israel etwa den Jahresertrag von 20 Ölbäumen. Der Feigenbaum ist die erste in der Bibel namentlich erwähnte Pflanze. Adam und Eva dienten seine Blätter als Kleidung. Seine Früchte sind ein wichtiges Nahrungsmittel. Durch den hohen Zuckergehalt sind sie getrocknet gut lagerfähig. Die Palme galt in Israel als Symbol für die Unabhängigkeit und den siegreichen König. Wenn in der Bibel von Palmen die Rede ist, ist immer die Dattelpalme gemeint. Datteln galten als Reserve in Notzeiten. Ihre vielen Inhaltsstoffe sollen 100 Tage Überleben sichern. So waren sie als Proviant eine wichtige Voraussetzung für den Fernhandel. Oft konnte der Vorrat durch die Palmen der Oasen wieder ergänzt werden.

Die Grundsymbolik der Bäume bleibt bis heute: Sie stehen für Frieden und Wohlergehen. Schon 1840 sagte der Forstwissenschaftler Gottlob König (1779–1849): „Die Zivilisation beginnt mit dem ersten gefällten Baum und endet mit dem Fällen des letzten Baumes."

Ein knackiger Wächter

Der Mandelbaum als Symbol für Gottes Geleit

Vielleicht wächst diese biblische Pflanze auch in Ihrem Garten: der Mandelbaum. In unseren Gärten begrüßt meist der winterharte Ziermandelbaum mit seinen rosa Blüten den Frühling. Der echte Mandelbaum braucht ein wärmeres Klima. Er zählt mit zu den ältesten Kulturpflanzen. Schon früh wurden Mandeln aus Palästina nach Ägypten eingeführt, um Öl zu gewinnen. Mandeln als Nahrungsmittel finden sich auch unter den Geschenken, die die Brüder Josefs nach Ägypten mitbrachten.

In Israel nennt man den Mandelbaum „šāqed", d. h. „der Wächter". Diese Bezeichnung nimmt Bezug auf die frühe Blüte des Baumes, der Mandelbaum ist praktisch der erste blühende Baum und so ein

Wächter des neu beginnenden Naturjahres. Deshalb wird dieser „Wächter" oft zu einem Bild der Nähe und Begleitung Gottes.

Im Buch Numeri / 4. Buch Mose wird z. B. erzählt, wie für ein Gottesurteil alle Stammesführer ihre Stäbe in das Heiligtum legen sollten. Am nächsten Morgen hat der Stab Aarons nicht nur ausgeschlagen, sondern er trägt auch Blüten und reife Mandeln. Er ist zum Mandelbaum geworden. So sollen auch Aaron und seine Nachfahren zu Priestern werden, zu Wächtern über Gottes Gerechtigkeit auf Erden.

Im ersten Kapitel des Propheten Jeremia finden wir ein Wortspiel: So wie der Mandelbaum über das Jahr wacht, wacht Gott über sein Wort und Volk. Ein Mandelzweig wird zum sanften Zeichen des Aufbruchs, zum Versprechen, dass Gott mitwächst und wacht bis zum Ende.

Im Jerusalemer Heiligtum des Volkes Israel stand ein siebenarmiger Leuchter aus 22 goldenen Mandelblüten. Auch dies als ein Zeichen für eine blühende Zukunft, selbst wenn wir Menschen nur Vernichtung und das Ende sehen.

Sogar in der Kulturgeschichte Europas hat die Mandel ihre Spuren hinterlassen. Bis zur Romanik wurde Christus als Herrscher über die Welt mit einer Mandorla, einem mandelförmigen Heiligenschein, dargestellt.

So ist die Mandel ein Zeichen für einen Neuanfang, selbst dort, wo wir meinen, am Ende zu sein. Der Mandelzweig will sagen, da bricht etwas auf in der Natur. Da bricht es auf in der Seele. Da beginnt ganz vorsichtig Zukunft.

Das Bilderbuch Gottes

Warum Luther den Maulbeerbaum erfand

Wenn Sie die ersten und letzten Seiten der Bibel aufschlagen, werden Sie sehen, dass Gottes Geschichte mit dem Menschen in einem Garten begann und sie in einem Garten endet.

In der Bibel sind etwa 110 Pflanzen namentlich erwähnt. Erst 1718 erschien in Europa ein botanisches Buch über die Pflanzenwelt Vorderasiens. Rund zweihundert Jahre zuvor griffen Martin Luther und andere Bibelübersetzer daher auf die in ihrer Zeit bekannten Pflanzennamen zurück. Der Zöllner Zachäus stieg beispielsweise auf einen Maulbeerfeigenbaum, um Jesus zu sehen. Luther machte daraus den in Mitteleuropa bekannten Maulbeerbaum. Trotz dieser Änderung blieb der Sinn erhalten, Zachäus stieg auf einen Baum, um Jesus zu sehen. Die Bibel will kein Biologiebuch sein.

Mit der Entstehung der Klöster rückte auch die Krankenpflege ins Blickfeld. Deshalb wurden in den Klostergärten viele Heil- und Gewürzpflanzen für diese Arbeit angebaut. Einige unserer heutigen Zierpflanzen wurden als wichtige Pharmaka in den Klostergärten angepflanzt und fanden erst später ihren Weg auf die Blumenbeete wie z. B. die Pfingstrose oder die Schwertlilie.

Pflanzen der Heimat bekamen durch die Mönche „theologische" Namen, die sich auch unter dem Volk verbreiteten. Die Pflanzbücher des Mittelalters waren naturwissenschaftliche Beschreibung und religiöse Erbauung zugleich. Da die Blattpaare und die Blütenkrone kreuzförmig sind, entstand so z. B. der noch heute gebräuchliche Name „Kreuz-Enzian". Früher nannte man diese Pflanze „Madelgar".

Wie eng Alltagsleben und Christentum miteinander verwoben sind, können Sie auch an Pflanzennamen sehen. Als Beispiel möchte ich Himmelschlüsselchen, Osterglocken oder Johannisbeere nennen. Ein so sichtbar enges Verhältnis zwischen Sprache und Christentum ist nur aus einer inneren Haltung der Achtung und Verehrung möglich. Sicherlich kennen Sie noch viele weitere Pflanzen dieser Kategorie. Und falls nicht, dann lassen Sie sich bei einem Spaziergang zu solchen Entdeckungen inspirieren.

Von Booten und Büchern

Alles begann mit ein paar Schilfstängeln am Nil

Sie halten gerade ein Buch in den Händen. Heute wollen wir zu den Anfängen des Papiers zurückkehren.

Im Norden Israels, aber vor allem in Ägypten, wächst ein besonderes Schilf: der Papyrus. Die dreieckigen Stängel dieser Staudenpflanze sind bis 7 Meter hoch und haben einen Durchmesser von ca. 15 Zentimeter – eigentlich kleine Bäume. Im alten Ägypten baute man daraus Schiffe. Vielleicht haben Sie von der Expedition von Thor Heyerdahl gehört, der 1970 mit einem solchen Schiff den Atlantik überquerte.

Diese Pflanze war jedoch auch Grundmaterial für Flechtarbeiten wie Körbe, Matten oder Kästchen wie jenes, in welchem Mose nach seiner Geburt am Ufer des Nils ausgesetzt wurde. Aus dem

Mark der Papyruspflanze stellte man ein Schreibmaterial her, unser Name „Papier" erinnert noch daran. Man schälte dazu den Stängel der Pflanze, schnitt das Mark in dünne Streifen, legte diese kreuzförmig übereinander, presste und trocknete sie. Aufgrund der in der Pflanze enthaltenen Stärke wurden die einzelnen Lagen durch den Pressvorgang stabil miteinander verbunden. Nach dem Glätten mit Bimsstein erhielt man dieses Schreibmaterial. Von Ägypten aus wurde es vorrangig in die syrische Hafenstadt Byblos ausgeführt. Von diesem Namen leitet sich der Name unserer „Bibel" her. Die ältesten Texte des Neuen Testamentes fand man auf solchen Papyrusblättern, die sich im trockenen Wüstenklima 2000 Jahre erhalten hatten. In Grabanlagen fand man sogar 6000 Jahre alte Papyrusreste.

Eumenes, der König von Pergamon, wollte eine Bibliothek bauen, die die weltberühmte ägyptische Bibliothek in Alexandria übertreffen sollte. Da stoppte Ägypten die Papyrusausfuhr. In dieser Zwangslage entwickelte man ein neues Schreibmaterial aus Tierhäuten und ließ die Bücher darauf schreiben. Weil diese neue Technik in Pergamon erfunden wurde, heißt dieses Schreibmaterial bis heute Pergament.

Das Trägermaterial unserer Zeitungen und Bücher durchlief noch viele Entwicklungsstufen bis zu jener Form, die Sie heute in den Händen halten. Doch angefangen hat alles mit ein paar Schilfstängeln am Nil.

Wertvoll und symbolträchtig

Warum der Ölbaum für den Frieden steht

Eine der wichtigsten biblischen Pflanzen ist wohl der Ölbaum. Er ist wohl die älteste Kulturpflanze im Mittelmeerraum. Mit ihm verbinden sich Sesshaftwerden und das Aufblühen von Gemeinschaften. Olivenbäume wachsen nur sehr langsam heran. Wird eine Kultur zerstört, dauert es oft Jahrzehnte, bis neue Bäume Früchte tragen. Deshalb erfordert ihr Anbau gedeihliche Zustände und Frieden, so ist auch der Baum selbst zu einem Symbol des Friedens und der Hoffnung geworden.

Auf felsigem Untergrund dringen die Wurzeln des Ölbaumes fest in die Felsspalten ein. So kann er auf kargem Boden gedeihen und über 1000 Jahre alt werden. Er benötigt wenig Wasser und passt sich so gut an das Klima Palästinas an. In der Bibel wird der Ölbaum zu den sieben Segnungen des heiligen Landes gezählt (5. Mose 8,8). Das Öl aus den Früchten nutzt man noch heute als ein wichtiges Nahrungsmittel – aber auch für die Körperpflege, in der Medizin und als Brennstoff findet es Verwendung. Nur etwa 1 Prozent der Blüten werden befruchtet, von denen wiederum nur etwa 1 Prozent bis zur Ernte heranreift. Im alten Israel brauchte eine Familie deshalb etwa 20 Ölbäume für ihren Jahresbedarf. Kein Wunder, dass Olivenhaine überall zu finden waren. Der Ölberg bei Jerusalem wird im Neuen Testament z. B. öfters erwähnt. Oder auch jener Ort, an dem der Jünger Judas Jesus verrät, dort wo Kreuzigung und österliche Auferstehung ihren Anfang nehmen. Der Name dieses „Garten Gethsemane" bedeutet auf

Deutsch nichts anderes als „Ölpresse". Schon auf antiken christlichen Grabplatten finden wir die Taube mit dem Ölzweig als Zeichen himmlischen Friedens.

In alttestamentlicher Zeit war es verboten, während einer Belagerung Oliven- und Obstbäume zu roden, um daraus Belagerungsmaschinen zu bauen. So finden wir in der Bibel praktisch einen Vorläufer der Genfer Konventionen. Als Friedenssymbol ist diese Pflanze nicht nur auf die Bibel beschränkt – auch die Vereinten Nationen führen den Zweig des Ölbaums in ihrer Flagge.

Vielleicht haben Sie ja Lust bekommen, selbst einmal in der Bibel nachzuschlagen. Ich empfehle Ihnen folgende Bibelstellen: 5. Mose 24 Vers 20; Psalm 128 Vers 3; Römer 11 Verse 17 bis 23.

Grabplatte aus römischen Katakomben (3. Jh.) mit frühchristlichen Symbolen wie Taube mit Ölzweig, Alpha und Omega sowie dem ChiRho.
Deutsche Übertragung der Inschrift: *(Hier ruht) Nicella, (die) Gott geweihte Jungfrau, die nach ihrer Taufe (?) 35 Jahre lebte, beigesetzt am 17. April. Verdienstvoll möge sie in Frieden (ruhen).*

Jahresuhr auf dem Blumenbeet

Von Blumenhit und Börsenkrach

Wie Blumen zum Spekulationsobjekt wurden

Kennen Sie das Lied von Paul Gerhard „Geh aus, mein Herz, und suche Freud"? Dieser Sommergesang von 1653 ist heute als Kirchenlied wie auch als Natur- und Wanderlied verbreitet.

Gleich in der zweiten Strophe kommen zwei Frühlingsblumen vor: „Narzissus und die Tulipan". Paul Gerhard stellt damit zwei Hits seiner Zeit heraus. In der als „orientalische Periode" bezeichneten Zeit von 1560 bis 1620 wurden insbesondere aus dem südöstlichen Europa vor allem Tulpen, Hyazinthen und Narzissen eingeführt.

Narzissen zählen in der islamischen Kultur zu den beliebtesten Gartenblumen. In der arabischen Dichtkunst wird die Blüte dem Auge gleichgesetzt. In einem Mohammed zugeschriebenen Ausspruch heißt es: „Wer zwei Brote hat, verkaufe eines und kaufe sich Narzissenblüten dafür; denn Brot gibt nur dem Körper Nahrung, die Narzisse aber nährt die Seele." Paul Gerhards Lied führte wohl dazu, dass sie mancherorts als Charakterpflanze der Pfarrgärten galt.

Im Mittleren Orient wurden die Tulpen über Jahrhunderte hinweg kultiviert. Der Gattungsname „Tulipa" verweist darauf, dass die Blüte in ihrer geschlossenen Form an einen Turban erinnert. In der islamischen Welt hat die Tulpe eine starke mythologische Bedeutung. Das nationale Emblem Irans erinnert z. B. an das stilisierte Bild einer Tulpe. Auch in der Türkei gilt die Tulpe bis heute als Nationalblume. Im 16. und 17. Jahrhundert gelangte sie von dort als importiertes Luxusgut nach Europa. Es entstand eine regelrechte Manie nach neuen, besonders edlen Züchtungen, ja man konnte sogar an der Börse mit steigenden oder fallenden Preisen für Tulpenzwiebeln spekulieren. Im Februar 1637 boten jedoch nicht mehr genug Käufer auf die Tulpenzwiebeln und die Blase platzte. So löste ausgerechnet die Tulpe den ersten Börsenkrach der Weltgeschichte aus.

Doch gehen wir zurück zu Paul Gerhards Lied. Beim genauen Betrachten erkennen wir mehrere Teile. In den ersten Strophen finden wir Bilder der Natur, die uns als Gaben Gottes vor Augen gestellt werden. In den nächsten Strophen verweist er uns auf den Himmel als den Garten Christi. In der letzten Strophe weist uns der Dichter auf unsere eigene Vollendung hin:

„Erwähle mich zum Paradeis / und lass mich bis zur letzten Reis / an Leib und Seele grünen".

Mit den Worten Paul Gerhards wünsche ich Ihnen, dass Sie in Ihrem Leben ein guter Baum mit festen Wurzeln werden.

Der botanische Star zum Pfingstfest

Wie die Pfingstrose zu ihrem Namen kam

Um das Pfingstfest herum leuchten die roten Blüten dieser Staudenpflanze. Sie zeigen an, dass nun in den nächsten Wochen ein buntes Feuerwerk von Farben und Düften in unseren Gärten erwacht. Doch nicht alle diese Pflanzen waren ursprünglich hier zu Hause.

Es sind wohl die Benediktinermönche gewesen, die die Paeonien – so der lateinische Name der Pfingstrose – von jenseits der Alpen nach Mitteleuropa brachten. In den Klostergärten wurden sie als Heilpflanzen kultiviert. Noch heute zählen sie zu den wichtigsten Arzneistoffen. Ihre Heileigenschaften wurden früh auf Jesus übertragen, und rasch galt diese „Rose ohne Dornen" als eine heilige Pflanze der Christen. Auf vielen alten Gemälden können Sie sie finden. Auf dem berühmten Tafelgemälde von Martin Schongauer „Maria in der Rosenlaube" sehen Sie im Vordergrund neben Maria eine damals noch ungefüllte Bauernpfingstrose. Wie aber wurde die „Paeonie" zu unserer „Pfingstrose"?

Fünfzig Tage nach Ostern wird das Pfingstfest gefeiert. In der Bibel kann man nachlesen, dass sich die Anhänger Jesu nach Ostern ängstlich verborgen hielten. Doch plötzlich ergriff sie ein neuer Geist und sie begannen, öffentlich von Jesus Christus zu sprechen, sodass es alle verstanden. Fünfzig Tage nach Ostern, das ist auch etwa der Zeitpunkt, in dem sich die großen auffälligen roten Blüten der Paeonie entfalten. Die bunte Farbenvielfalt der Pfingstrose entstand übrigens erst mit der Einführung und Einkreuzung der um 1800 aus China eingeführten „Paeonia lactiflora". Wie auch andere besondere Blüten sind die Pfingstrosen ein Sinnbild für einen krönenden Abschluss. Die Sprachverwirrung des Menschen, die mit dem Turmbau zu Babel begann, ist mit Pfingsten wieder in Ordnung gebracht.

Bei Hildegard von Bingen lesen wir: „Wenn ein Mensch geisteskrank wird, sodass er nichts mehr von sich weiß und wie in Ekstase daliegt, dann soll man Paeonienkörner in Honig tauchen und auf seine Zunge legen. Dann werden die Kräfte der Paeonie in sein Gehirn aufsteigen und ihn wecken, sodass er schnell wieder zu seinem Verstande kommt." Die Verwirrung des Menschen wird wieder in Ordnung gebracht. Die Pfingstrose teilt also auch den inneren Bezug des „Heilwerdens" mit dem Pfingstfest.

Halbzeit im Jahreskreis

Die Pflanzen rund um den Johannistag

Am 24. Dezember feiern wir Heiligabend. Im Sommer, also auf der „jahreszeitlichen Gegenseite", feiern wir am 24. Juni den Johannistag. Johannes der Täufer gilt als der Vorläufer Jesu. Er selbst sagt dazu: „Er (Jesus) muss wachsen, ich aber muss abnehmen." Dieser Ausspruch wird auf den 24. Juni übertragen, weil im Jahreskreis nun die Tage wieder kürzer werden. Am Johannistag wurden im Mittelalter neue Dienstverträge mit Knechten und Mägden abgeschlossen. Und natürlich hatte der Tag auch Einfluss auf die Benennung von Pflanzen.

Die älteste Johannispflanze ist wohl das Johanniskraut, das in dieser Zeit blüht. Eine Legende erzählt: Aus dem Blut von Johannes dem Täufer sei diese Pflanze gewachsen. Und tatsächlich, wenn Sie die Blüten des Johanniskrautes zwischen Ihren Fingern zerreiben, quillt ein blutroter, öliger Saft hervor.

Schon im ältesten erhaltenen Buch der Klostermedizin, dem „Lorscher Arzneibuch" aus der Zeit um 795, wird das Johanniskraut gegen die „Melancholie", also Schwermut, empfohlen. Neben dieser besonderen Rolle war es eine der wichtigeren Pflanzen in der Wundbehandlung, gegen Gicht und rheumatische Schmerzen.

Die bekannteste Johannispflanze ist jedoch die Johannisbeere. Frühe Sorten beginnen um den 24. Juni zu reifen. In der Antike war diese Pflanze noch unbekannt. Erst gegen Ende des Mittelalters wurde sie als Beerenobst in den Gärten kultiviert.

Vor 200 Jahren brachte ein Potsdamer Gärtner aus Brasilien eine Pflanze mit, die mit Farbe und Zeit der Blüte genau zum Johannistag passte. Johannisfeuer nannte man sie. Der Feuersalbei, wie man das Johannisfeuer auch nennt, ist eine wirkungsvolle Randbepflanzung.

Im Mittelalter richtete man sich nach den christlichen Gedenk- und Feiertagen. Diesen Tagen ordnete man Pflanzen zu. So entstand ein Kalender mitten in der Natur. Tage, die für die bäuerliche Gesellschaft besonders wichtig waren, wurden auch durch mehrere Pflanzennamen gekennzeichnet, wie wir es beim Johannistag sehen. Sicher kennen Sie noch ähnliche Verbindungen von Pflanzen und Tagen, denken Sie nur einmal an die „Oster-Glocke" oder „Pfingst-Rose".

Dankbar für Brennnesseln?

Warum es nicht hilft, zwischen Nutzpflanzen und Unkraut zu unterscheiden

Bis Anfang des 20. Jahrhunderts lebten in Mitteleuropa zirka 80 Prozent der Menschen auf dem Lande. Von daher kann man ermessen, wie wichtig die Ernte über Jahrhunderte hinweg für die Menschen war. Sie markierte den Höhepunkt des Jahres. Denn von der Ernte hing damals das nackte Überleben ab. Heute ist es anders, und es arbeiten nur noch wenige Menschen in der Landwirtschaft. Schon der Dichter und Zeitungsmann Matthias Claudius ahnte wohl im ausgehenden 18. Jahrhundert etwas von dieser Entwicklung. Er wollte die Menschen wieder stärker an die Natur binden. Sein Erntedanklied „Wir pflügen und wir streuen" erzählt davon. Die ursprüngliche erste Strophe heißt:

„Am Anfang war's auf Erden noch finster, wüst und leer; /
und sollt was sein und werden, musst es woanders her. /

So ist es zugegangen im Anfang, als Gott sprach; /
und wie es angefangen, so geht's noch diesen Tag."

Hier wird deutlich auf die ersten Verse der Bibel angespielt. Wichtig ist zu erkennen, was wir in den Händen halten und was außerhalb unseres Könnens liegt. Bei Matthias Claudius folgt deshalb auf jeden Vers der Refrain:

„Alle gute Gabe kommt her von Gott dem Herrn, /
drum dankt ihm, dankt, drum dankt ihm, dankt /
und hofft auf ihn."

Das Erntedankfest will uns die Augen für die Gaben aber auch für die Ehrfurcht vor der Natur öffnen. Und auch dafür, dass wir es uns zu leicht machen, wenn wir die Natur einfach in Nutzpflanzen und Unkraut einteilen. Nehmen Sie beispielsweise die Brennnessel. Ohne sie gäbe es keine Schmetterlinge, denn sie ist eine der wichtigsten Futterpflanze für deren Raupenlarven. Oder den Löwenzahn. Jeder Gartenbesitzer ist eifrig bemüht, ihn von seinem Grundstück fernzuhalten. Der Löwenzahn ist jedoch auch eine unentbehrliche Heilpflanze, die unsere Leberfunktion anregt. Sie kann es schaffen, dass wir uns wacher und motivierter fühlen. Und wenn aus den verwelkten Blüten wie ein neues Geschöpf die Pusteblume aufsteigt, wird sie sogar zu einem heute noch gut verständlichen Bild für die christliche Auferstehungshoffnung.
Sie fragen, was das alles mit Erntedank zu tun hat? Nun, Matthias Claudius gibt Ihnen die Antwort:

„Alle gute Gabe kommt her von Gott dem Herrn, /
drum dankt ihm, dankt,
drum dankt ihm, dankt /
und hofft auf ihn."

Ein Kraut verliert sein Fest

Was das Heiligenkraut mit Allerheiligen verbindet

Nicht nur in Geschichtsbüchern, sondern auch im Garten können Sie der Vergangenheit auf der Spur sein. Heute soll uns dazu ein kleiner Halbstrauch aus dem Mittelmeergebiet helfen, das Heiligenkraut. Diese immergrüne Pflanze trägt bei uns im Juni/Juli leuchtend gelbe Blüten.

Zur Zeit des Kaisers Hadrian wurde in Rom ein besonderes Bauwerk errichtet – das Pantheon. Mit einer Kuppel von 44 Meter Durchmesser blieb es 1700 Jahre der größte Kuppelbau der Welt. Im 7. Jahrhundert wurde das Pantheon zur Kirche umgestaltet. Um es vom Heidentum zu reinigen, wurden Gebeine von Märtyrern aus den Katakomben in den Fußboden eingelassen. Märtyrer sind Christen, die für ihren Glauben gestorben sind und nach ihrem Tod als Heilige verehrt werden. Am 13. Mai 609 wurde diese Kirche

deshalb „Maria und allen Märtyrern (Heiligen)" geweiht. Ebenfalls im Mai blüht im Mittelmeerraum das Heiligenkraut. Immergrün war ein Zeichen der Ewigkeit (man denke etwa an den Efeu). Die leuchtend gelben Blüten kann man erst im zweiten Jahr bewundern. Sie wurden zum Symbol für die Märtyrerkronen, ein seit dem frühen Christentum gebräuchliches Heiligenattribut.

Das Heiligenkraut war also ein sichtbarer Ausdruck des Festinhaltes. Das jährliche Kirchweihfest des Pantheons zog viele Pilger an, jedoch war ihre Versorgung im späten Frühjahr, also vor der neuen Ernte, schwierig. Deshalb wurde das Fest „Allerheiligen" im 9. Jahrhundert auf die Zeit nach der Ernte, nämlich auf den 1. November verlegt. Trotz der Verlegung des Festtermins behielt die immergrüne Pflanze weiter ihren Namen „santolina", italienisch „santo" – heilig.

Im Gegensatz zu anderen Heilpflanzen spielte das Heiligenkraut im Mittelalter keine Rolle. Erst seit dem 17. Jahrhundert taucht diese Staude im mitteleuropäischen Raum auf. Man nutzte sie als Mittel gegen Darmparasiten und Würmer und als Duft- oder Mottenkraut. Heute wird das Heiligenkraut meist als Zierpflanze kultiviert.

Durch die Verlegung des Allerheiligenfestes in den November sind die Verbindung dieser Pflanze mit dem Fest sowie ihre symbolische Bedeutung verloren gegangen. In Steingärten oder in anderen trockenen, sonnig-warmen Beeten können wir sie bewundern, oft auch zusammen mit anderen mediterranen Gewächsen. Begeben Sie sich auf die Suche!

Mathematik am Blumenbeet

Was ein Garten mit der Regel des heiligen Benedikt zu tun hat

Wie legen Sie ihre Gartenbeete an? Vielleicht mit möglichst kurzen Wegen zum Wasserhahn. Oder mit einem Kräuterbeet in der Nähe der Küche. Kurzum: Die Anlage des Gartens erfolgt, wie es für Sie am praktischsten ist.

Im Mittelalter sah man dies etwas anders. Im 9. Jahrhundert war Walahfrid Strabo Abt des Klosters Reichenau am Bodensee. Da ein Abt unter anderem auch für die Gesundheit der ihm anvertrauten Mönche zuständig war, lagen ihm die Heilpflanzen besonders am Herzen. In seinem Werk „Hortulus" (Gärtlein) beschreibt er in Versform 24 Pflanzen. Es ist eines der frühesten Zeugnisse des Gartenbaus in Deutschland. Pflanzbücher dieser Zeit waren botanische Betrachtung und religiöse Erbauung in einem. Walahfrid betrachtet den Garten aus der Perspektive eines Benediktinermönchs. Nach der benediktinischen Regel „ora et labora" (bete

und arbeite) ist der Garten der Ort der Arbeit („labora") sowie auch ein Ort der Einkehr und der Kontemplation („ora").

Dies wird in der Anordnung der 24 Beete in Abt Strabos Gedicht besonders deutlich. Man erkennt sechs Gruppen zu je vier Beeten. Die Vier ist die Zahl der Erdverbundenheit. Denken Sie an die vier Himmelsrichtungen, die vier Jahreszeiten oder die mittelalterlichen vier Elemente. Die Sechs steht für die sechs Arbeitstage. So hat Walahfrid Strabo in der Anordnung der Beete den Garten als Ort der Arbeit gekennzeichnet – „labora".

Gleichzeitig lassen sich die 24 Beete auch in drei Gruppen zu je acht Beeten zusammenfassen. Die Acht ist seit frühestem Christentum ein Symbol für das Göttliche und Himmlische. So waren die antiken Taufkapellen achteckig. Auch viele Kirchtürme ändern sich in der Höhe von vier- auf achteckig. Auf Fotoobjektiven können Sie noch heute eine liegende Acht als Zeichen für Unendlich finden. In der Drei sah man einen Hinweis auf die göttliche Trinität von Vater, Sohn und heiligem Geist. So hat Walahfrid Strabo den Garten gleichzeitig als einen Ort des Heils gekennzeichnet. In den HEILpflanzen sah er Vorboten dieses HEILs.

Wenn Sie wieder einmal in Ihrem Garten Unkraut zupfen, sinnieren Sie doch ein wenig über die Anzahl Ihrer Beete.

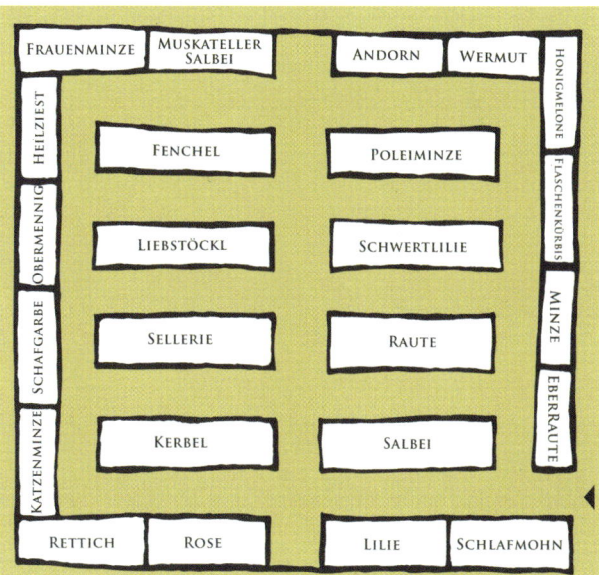

FRAUENMINZE MUSKATELLER SALBEI ANDORN WERMUT HONIGMELONE

HEILZIEST

FENCHEL POLEIMINZE FLASCHENKÜRBIS

OBERMENNIG

LIEBSTÖCKL SCHWERTLILIE MINZE

SCHAFGARBE

SELLERIE RAUTE EBERRAUTE

KATZENMINZE

KERBEL SALBEI

RETTICH ROSE LILIE SCHLAFMOHN

Pflanzengeflüster

Blumengruß für Knastbrüder

Eine Pflanze mit Sprengkraft

Nun wollen wir mit einer Pflanze das Reich der Märchen und Sagen betreten. Vielleicht haben Sie diese Pflanze mit den weißen Blütenglöckchen und den grünen Spitzen sogar in Ihrem Garten. Gemeint ist das Salomonssiegel.

Als herausragende biblische Könige gelten David und sein Sohn und Nachfolger Salomo. Salomos Weisheit war so berühmt, dass die Königin von Saba ihn besuchen kam, um ihn zu prüfen. Eine christliche Legende erzählt von einem Pflanzenrätsel. Salomo werden von der Königin zwei Blumen vorgelegt, eine künstliche und eine echte. Welche ist die echte Blume? Die Lösungen finden Sie am Ende dieses Textes.

Salomos Siegelring galt als Zeichen der Macht und Weisheit. In vielen orientalischen Märchen spielt er eine Rolle, um z. B. einen Geist wieder in eine Flasche zu bannen. Nach einer Legende aus

unserem Kulturkreis soll König Salomo mithilfe der Wurzel dieser Pflanzen die Felsen gesprengt haben, welche ihm bei seinem Tempelbau im Weg gewesen waren. Die wundertätige Wurzel konnte jedoch nur mithilfe eines Spechtes gefunden werden. Einfach ausgegrabene Wurzeln hatten keinerlei Wirkung. Noch bis ins 16. Jahrhundert hinein gab es Verordnungen, dass solche „Springwurzeln" von Inhaftierten wegen Fluchtgefahr ferngehalten werden mussten. Man glaubte, dass sich mit ihrer Hilfe verschlossene Türen durch Zauberschlag öffnen ließen.

Das Salomonssiegel hat eine ähnlich reizvolle Ausstrahlung wie das Maiglöckchen, gehört aber zu den Spargelgewächsen. Die Blütenglöckchen hängen aufgereiht wie Perlen an den Blattachseln. Um an den süßen Nektar in den Röhrenblüten zu kommen, brauchen Insekten einen langen Rüssel. Hummeln mit kurzem Rüssel beißen einfach seitlich ein Loch in die Blüte. Wenn das Salomonssiegel schließlich sein Laub verliert, kann man genau erkennen, wie die Pflanze zu ihrem Namen kam. Denn wenn der oberirdische Spross abstirbt, hinterlässt er eine siegelähnliche Narbe auf dem Wurzelstock.

Mitteleuropa ist seit Jahrhunderten vom Christentum geprägt. In einer Zeit, in der nur wenige Menschen lesen und schreiben konnten, wurde die Natur selbst zu einem Notizbuch für die Geschichten, die man in der Kirche gehört hatte. Denken Sie z. B. an die „Jakobsleiter" oder den „Aronstab". Überlegen Sie einmal, welche „fromme Pflanzen" Sie noch kennen?

Zum Blumenrätsel: Salomo wartete, bis sich eine Biene auf eine der Blüten setzte. Dies war die echte Blume. Die andere die Kunstblume.

Eine verschwiegene Königin

Über die Blume, auf der das Herz der Christen geht

Von den meisten Menschen wird wohl die Rose als „Königin der Blumen" angesehen. Viele unserer heutigen Rosenarten stammen von Züchtungen aus der Apothekerrose. Die Beliebtheit der Rose führte dazu, dass wir sie auf alten Gemälden auch als Symbolpflanze finden. Die rote Blüte erinnert an das Blut der Märtyrer, die fünf Blütenblätter der Wildrose an die fünf Wunden Christi, die Stacheln stehen für den Schmerz der Sünde.

Heute denkt wohl kaum noch einer an diese einstige Symbolik. Die Rose gilt vielmehr als Sinnbild der Anmut, Liebe und Seligkeit. Auch diese Bedeutung war im Mittelalter gegenwärtig. So wurde sie zur „himmlischen Rose". Die gotischen Kathedralen wurden oft durch eine riesige Fensterrose, auch Rosette genannt, über dem Westeingang geschmückt. Dieses runde, mit Maßwerk gefüll-

te Fenster verkörperte die sich nach allen Seiten ausbreitende Liebe Gottes. Wenn der Gläubige das Gotteshaus verließ, sollte ihn dieses bunte Glasfenster daran erinnern.

Im Frühjahr 1517, also noch vor der eigentlichen Reformation, verwendete Martin Luther erstmals sein Petschaft (ein kleiner Stempel), die Lutherrose. Er selbst bezeichnete sie als ein Merkzeichen seiner Theologie, und hat sie in einem Brief von 1530 genauer erläutert. Der Volksmund hat diese Erklärung in dem einfachen Vers zusammengefasst: „Des Christen Herz auf Rosen geht, wenn's mitten unterm Kreuze steht."

Wenn Sie die einfachen Blüten der Apothekerrose betrachten, werden Sie entdecken, dass die Blüte ihr Innerstes durch Blätter verhüllt. So wurde sie zum Symbol der Verschwiegenheit. Schon die Römer hängten bei bestimmten Besprechungen eine Rose an die Decke. Das hatte die symbolische Aussagekraft des „sub rosa dictum" (unter der Rose gesagt) mit der Bedeutung: „Das muss geheim bleiben." Auch heute ist diese Symbolik noch bekannt. Deshalb sind z. B. Beichtstühle manchmal mit Rosen verziert.

Spuren Gottes im Garten

Was wir an der Ringelblume entdecken können

Jedem Morgen, wenn ein neuer Tag erwacht, wohnt ein besonderer Zauber inne. Manchmal braucht es ein persönlich einschneidendes Erlebnis, um diesen Zauber wieder zu entdecken.

Anfang der 1970er–Jahre hatte der britische Sänger Cat Stevens gerade eine schwere Tuberkulose überstanden. Er war damals 20 Jahre alt. Da fand er in einem Buchladen in einem Gesangbuch ein Lied mit einer alten gälischen Melodie: „Morning has broken." Das Lied traf genau seine Gefühlslage. Ihm war nach der langen Krankheit, als sähe er die Welt mit ganz neuen Augen. In der Interpretation von Cat Stevens trat dann das Lied seinen Siegeszug durch die ganze Welt an. Sie finden die deutsche Übersetzung von Jürgen Henkys unter dem Titel „Morgenlicht leuchtet" in vielen Gesangbüchern. In der zweiten Strophe heißt es: „Dank für die Spuren Gottes im Garten."

Kommen Sie mit, solche Spuren zu entdecken! Als Beispiel wählen wir diesmal die von Juni bis Oktober blühende Ringelblume: Bei Bauern stand sie in hohem Ansehen, weil sich mit ihrer Hilfe das Tageswetter voraussagen lässt. Sind die Blüten zwischen 6 und 7 Uhr bereits geöffnet, so verspricht dies einen schönen sonnigen Tag. Die Samen der Ringelblume bilden einen Ring oder Kranz um die verwelkte Blüte. Daher auch der Name Ringelblume. Ein Kreis hat weder Anfang noch Ende und ist daher ein Symbol der Ewigkeit. Auch wenn wir vergehen, erwartet uns doch etwas Neues, Gottes Ewigkeit. Deshalb war die Ringelblume die beliebteste Friedhofspflanze des Mittelalters. Wieder andere sehen in der Heilkraft dieser Blume ein Stück von Gottes Heil mitten in unserer Welt. Übrigens hat erst Hildegard von Bingen ihre Heilwirkung entdeckt. Noch heute ist die Ringelblume eine der wichtigsten Heilpflanzen in der Volksmedizin.

Allein an dieser kleinen unscheinbaren Pflanze können wir eine Vielzahl von Entdeckungen machen. Wenn Sie sich Zeit nehmen, werden Sie sicherlich auf noch so manche Spur Gottes stoßen und die Welt mit ganz neuen Augen sehen.

Eine „grüne" Religion

Pflanzen des Judentums

Von den zirka 1600 Pflanzen, die in Israel wachsen, werden in der Bibel etwa 110 Pflanzen mit Namen genannt. Der israelische Botaniker Michael Zohary (1898–1983) hat darauf hingewiesen, dass kaum ein anderes Volk so viele Pflanzen in sein religiöses Leben einbezogen hat wie die Hebräer. Betrachten wir deshalb einige Pflanzen näher.

Die Myrte wird sechs Mal namentlich in der Bibel genannt, nimmt aber dennoch eine besondere Stellung ein. Nach einer Legende soll Adam einen Myrtenzweig aus dem Paradies mitgenommen haben. Der Name Myrte wird vom altgriechischen „myron", dem Begriff für „wohlriechendes Salböl", abgeleitet. Beim Ritus am Ende des Sabbats soll der Wohlgeruch der Myrte die Seele der Menschen durch die kommenden sechs Arbeitstage zum nächsten Sabbat leiten.

An „Sukkot", dem im Herbst begangenen Laubhüttenfest, bindet man einen Feststrauß aus Palme, Myrte, Weide und Etrog, einer Zitrusfrucht. Diese vier Zweige werden verschiedenen Menschentypen zugeordnet, andere sehen darin ein Hoffnungszeichen, das die Juden aus allen Teilen der Welt vereint sein werden wie die Zweige des Feststraußes.

Auch der Knoblauch war im Altertum ein alltägliches Nahrungsmittel, obschon er nur einmal in der Bibel erwähnt wird. Im Buch Numeri / 4. Buch Mose des Alten Testaments ist das Volk Israel das karge Leben während der Wüstenwanderung leid; es vermisst die reiche Nahrung in der ägyptischen Knechtschaft. Darunter eben auch den Knoblauch. Auch der erste dokumentierte Streik der Weltgeschichte im ägyptischen Deir el-Medīna im Jahre 1159 vor Chr. ging auf das Ausbleiben von Knoblauchlieferungen zurück. Womöglich waren seinerzeit auch jüdische Zwangsarbeiter unter den Aufständischen. Selbst römische Schriftsteller sagten den Juden noch eine Vorliebe für dieses scharfe Gemüse nach, nannten sie gar „Knoblauchesser".

Der Granatapfel gehört neben Feigenbaum und Dattelpalme zu den wichtigsten Früchten des Heiligen Landes. Man sagt, die Krone König Davids sei nach dem kleinen Krönchen am Blütenansatz der Frucht gestaltet worden. Nach jüdischer Vorstellung enthält ein Granatapfel genau 613 Kerne. Sie entsprechen den 613 Geboten, die die Thora enthält. Zum jüdischen Neujahrsfest „Rosch Haschana" werden noch heute Granatapfelkerne gereicht, als guter Vorsatz, im neuen Jahr diese Gebote zu befolgen.

Auch der Mandelbaum spielt im Judentum eine wichtige Rolle. In vielen Bildern und Geschichten ist er ein Zeichen für einen Neuanfang, selbst dort, wo wir Menschen meinen, am Ende zu sein. Der Journalist Schalom ben Chorin (1913–1999), hat die Schrecken des Holocaust in einem Gedicht über den Mandelbaum verarbeitet. Vielleicht kennen Sie die Vertonung von Fritz Baltruweit.

Nein zum Krieg in der Sprache der Blumen

Wie Pflanzen zu Symbolen des Friedens wurden

Schon die Griechen und Römer glaubten, dass das Eisenkraut über glücksbringende Kräfte verfügt. Der römische Schriftsteller Plinius der Ältere schreibt in seiner „Naturalis historia" (Naturgeschichte), dass römische Diplomaten bei Friedensverhandlungen einen Kranz von Eisenkraut auf dem Kopf trugen. Man glaubte, Eisenkraut bringe seinem Träger Glück. Es stand im Ruf, Frieden stiften zu können, und sollte vor Verletzung durch Eisenwaffen schützen.

Der Olivenzweig war in der Antike ein Symbol des Friedens und des Sieges. Für die Römer gab es eine enge Beziehung zwischen Krieg und Frieden, und dem Kriegsgott Mars schrieb man ebenfalls zu, ein „Mars Pacifer" zu sein. Dieser „Friedensbringer Mars" ist auf Münzen des späteren Römischen Reiches mit einem Olivenzweig abgebildet. In der frühchristlichen Kunst verstand man die Taube mit dem Ölzweig als Boten, der die Linderung des göttlichen Zorns ankündigt. Denken Sie nur an die Geschichte von Noah und der Arche. Nach der Flut bringt die Taube einen Ölzweig. Auch heute

finden Sie im Wappen der Vereinten Nationen einen Olivenzweig. Doch gehen wir näher an unsere Gegenwart heran. Als Hoffnungspflanze erinnert der Ginkgo an das Wunder von Hiroshima. Die über dieser japanischen Stadt am 6. August 1945 abgeworfene Atombombe, welche beinahe alles Leben vernichtete, hatte auch einen Ginkgobaum völlig verbrannt. Doch im Frühjahr 1946 spross aus seinem Wurzelstock ein frischer Trieb. Als Friedensbotschaft sendet die Stadt Hiroshima Samen jenes Ginkgobaumes bis heute in alle Welt.

1939 stellte der französische Rosenzüchter und Unternehmer Francis Meilland (1912–1958) seine neueste Züchtung auf einem internationalen Züchterkongress vor. Mehrere Ableger erreichten noch befreundete Züchter in aller Welt, bevor durch den Krieg die Kontakte abbrachen. So erhielt diese neue Rose unterschiedliche Namen. In Deutschland taufte man sie als Widerspruch zum verordneten Hitlergruß „Gloria Dei" – Ehre Gottes, und in den USA wird sie auf den Namen „Peace" – Frieden getauft. Im Juni 1945 trafen 50 Delegierte in San Francisco ein, um die Charta der Vereinten Nationen zu unterzeichnen. Jeder fand in seinem Hotelzimmer eine schmale Vase mit einer Rose vor und dazu die Botschaft: „Möge diese Rose ‚Peace' Sie beeinflussen, für die Schaffung eines gerechten und dauerhaften Friedens zu sorgen." Als erste Züchtung überhaupt wurde ihr 1976 der Titel „Weltrose" verliehen.

Seit Jahrhunderten begleitet uns in Deutschland eine ganz andere Friedenspflanze – die Linde. Die Linde steht für das Sanfte und Milde. Sie ist Symbol der Heimat, des Friedens und Wohlergehens. Sie ist der Baum, der am häufigsten in Stadtwappen oder in Liedern auftaucht. Ihre herzförmigen Blätter machten sie zum Baum der Liebenden. Die Eiche wurde im Allgemeinen schon immer der Obrigkeit zugeordnet und war nie der Baum, der die Menschen beseelte. Diese Funktion hatte im deutschen Sprachraum die Linde. Mit ihr lebten die Menschen.

Inspiration auf dem Friedhof

Über die Karriere einer steingewordenen Pflanze

Marcus Vitruvius, ein römischer Ingenieur, verfasste 22 v. Chr. das einzige bis heute erhaltene Werk der antiken Technik und Architektur, die „Zehn Bücher über Architektur". Darin findet sich auch folgende Geschichte:

„Eine treue Amme im alten Korinth sammelte Erinnerungsstücke an ihren gerade gestorbenen Zögling, gab sie in einen Korb und stellte diesen auf sein Grab. Unter dem Korb wuchs aber ein junges Akanthusgewächs, dessen Stängel und Blätter mit der Zeit den ganzen Korb umschlossen. Der Bildhauer Kallimachos schlenderte dort vorbei, sah es, hielt inne und wurde inspiriert. In diesem Augenblick, heißt es, sei der Prototyp des korinthischen Säulenkapitells geboren worden."

Der Akanthus (deutsch: der Stachlige) ist im Mittelmeerraum eine weit verbreitete Distelart. In der Antike war er häufig ein Bestandteil der Grabmalarchitektur. Er gilt als Sinnbild für Unsterblichkeit, für Leben und Wachstum bis zur Vollendung. Seine auffällig gezahnten Blätter sind mit ihrer grafischen Ausdruckskraft von der Antike bis heute das häufigste florale Dekorationselement. Von der romanischen Architektur wurden die stilisierten Blätter für die Kapitelle in den Kirchen übernommen. Besonders in Chorraum oder Krypta, dem Aufbewahrungsort von Heiligenreliquien. Diese werden verehrt, weil man in ihnen eine sichtbare Verbindung zu den Heiligen und zum Himmelreich sieht. Die Akanthusabbildungen verstärken diese Aussage.

Im Barock erlebte der Akanthus eine neue Blüte. Der Begriff „Barock" für die Zeit zwischen Renaissance und Klassizismus wurde erst im 19. Jahrhundert gebräuchlich. Vorher war die Bezeichnung „Akanthusstil" üblich. War dies doch die bevorzugte Ornamentform dieser Epoche. Ob auf Bilderrahmen oder Blumenvasen, überall findet man diese Blattformen. Jedoch die ursprüngliche Bedeutung – das tröstende Erinnern des Menschen an die jenseitige Ewigkeit – ging verloren. Wir finden ihn heute als Schmuckelement an unterschiedlichen Stellen.

Schauen Sie doch einmal, ob Sie in Ihrer Umgebung oder auf einer Urlaubsreise diese steingewordene Pflanze entdecken können.

Essen und
Trinken hält
Leib und Seele
zusammen

Geschichte im Küchenschrank

Kleine bunte Vielfalt mit hohem Nährwert

Kochen Sie auch gern mal einen Linseneintopf? Dabei denkt wohl kaum einer daran, dass die Linse eine der ältesten Kulturpflanzen der Welt ist. Sie dürfte so alt sein wie der Ackerbau selbst. Einige Linsenfunde in steinzeitlichen Siedlungen sind 20 000 Jahre alt. Getrocknete Linsen sind praktisch unbegrenzt haltbar, wenn sie trocken und kühl aufbewahrt werden.

Die Heimat der Linse ist der „Fruchtbare Halbmond", jene Region, die sich wie eine Mondsichel in einem weiten Bogen vom Süden des Irak über den Norden Syriens, den Libanon, Israel, Palästina und Jordanien erstreckt. In den Hochkulturen Ägyptens und Mesopotamiens waren Linsen ein Hauptnahrungsmittel. Seit etwa 5 000 Jahren sind Linsen auch in Europa heimisch, werden jedoch bei uns kaum noch angebaut. Die größten Linsenproduzenten sind heute Kanada und Indien. Linsen sind ideale Eiweißlieferanten und

machen lange satt. In Notzeiten hat man die Linsen auch gemahlen und zu Brot verbacken. Dieses „Arme-Leute-Essen" wird schon in der Bibel beim Propheten Ezechiel (Hesekiel) erwähnt. Er sollte sich aus Linsen und anderen Feldfrüchten ein Brot herstellen und so zeichenhaft auf die drohende Not hinweisen. Die bekannteste Linsengeschichte ist jedoch die, wie Jakob seinem Bruder Esau für einen Teller Linsen dessen Erstgeburtsrecht abhandelt. In biblischer Zeit bezeichnete das Erstgeburtsrecht, dass der erstgeborene Sohn nach dem Tod des Vaters der neue Führer der Sippe sein wird. Als Esau von der Jagd hungrig nach Hause kommt, fragt er seinen jüngeren Zwillingsbruder Jakob: „Was kochst du da Rotes?" Es sind rote Linsen, übrigens die erste Erwähnung dieser Feldfrucht in der Bibel. Esau will nur sein augenblickliches Hungerbedürfnis stillen, was dies für die Zukunft bedeutet, interessiert ihn nicht. Doch der schlaue Jakob denkt über den Moment hinaus. Dieses „Linsengericht" aus dem Alten Testament wurde im Deutschen zum geflügelten Wort für Situationen, in denen jemand nur den augenblicklichen Vorteil sieht und nicht die kommende Zeit.

Vielleicht regt Sie diese biblische Geschichte an, einmal darüber nachzudenken: Was ist unser „Linsengericht" heute? Wo verspielen wir im Augenblick für einen kleinen gegenwärtigen Vorteil die Zukunft für uns und unsere Kinder?

Wovon wir leben

Brot ist in der Bibel das Lebensmittel schlechthin

Getreide ist seit eh und je die Grundlage menschlicher Ernährung. Gerste und Weizen waren die wichtigsten Feldfrüchte in biblischer Zeit. Brot aus Gerstenmehl galt als das Brot der armen Leute. Die borstigen Grannen der Gerste waren jedoch auch ein beliebtes Baumaterial, da sie den Lehmziegeln die nötige Festigkeit verliehen. Weizenbrot wurde doppelt bis dreifach so hoch bewertet wie Gerstenbrot.

Bethlehem, der Geburtsort von König David und von Jesus, heißt auf Deutsch: „Haus des Brotes". Der Ortsname deutet auf den Getreideanbau in dieser Gegend hin. Ruth kehrte zur Zeit der Gerstenernte nach Bethlehem zurück. Deshalb liest man in den Synagogen zum herbstlichen Erntedankfest das Buch Ruth. Da man im Hebräischen keine Vokale schreibt, ergeben sich rückwärts gelesen die Konsonanten T(H)R, die man auch als Thora lesen kann. Die

Thora, die jüdische heilige Schrift, sind unsere 5 Bücher Mose. So feiert man zu Erntedank auch Gottes Wort als das geistliche Brot.

Brot ist in der Bibel das Lebensmittel schlechthin. So bedeutet das hebräische Wort für Brot auch Leben. Wer kein Brot hat, verhungert. Nicht einmal dem Feind verweigert man sein Brot (Sprüche 25,21). Brot herzustellen, erforderte die Arbeit der ganzen bäuerlichen Gesellschaft, aber auch das Gottvertrauen auf genügend Regen und Sonnenschein.

In biblischer Zeit waren zwei tägliche Mahlzeiten üblich. Morgens aß man meist nur ein Fladenbrot und ein paar Oliven. Die Zubereitung war Aufgabe der Frauen. Mit einer Handmühle mussten die Körner zu Mehl zerrieben werden. In einer Stunde konnte man damit etwa 800 Gramm Mehl mahlen. Für jede Person brauchte man 500 Gramm Mehl.

Brot ist das greifbare Zusammenspiel zwischen dem, was Menschen tun können, und dem, worin sie auf den Segen Gottes angewiesen sind. In unserer technischen Zeit ist das Gefühl für diese unmittelbaren Zusammenhänge verloren gegangen. So führen uns ein paar Getreidehalme zum Nachdenken. Wer sind wir? Welchen Spielraum haben wir? Wo sind unsere Grenzen? Mehr noch, wo suchen wir den Sinn unseres Seins?

Vom Blut der Trauben

Warum Essig in Vorderasien besser schmeckt

Getränke spielten im Alltag Israels eine bedeutende Rolle. Eine ausreichende Flüssigkeitszufuhr war gerade angesichts der oft großen Hitze in diesem Land überlebensnotwendig. Neben Muttermilch und Wasser ist der Wein eines der ältesten Getränke der Menschheit. Den Beginn des Weinbaus schreibt die Bibel übrigens Noah zu. Die zur Vergärung notwendige Hefe lieferten die Traubenschalen, sodass ein Weinstock alle notwendigen Voraussetzungen zur Weinherstellung mitbrachte.

Das Wort „Wein" wird etwa 200-mal in der Bibel erwähnt. Diese holzige Kletterpflanze findet mit ihren starken Wurzeln auch auf felsigem Grund halt. Das Holz ist nur als Brennholz zu verwerten. Die Früchte zählen im Heiligen Land zu den drei Hauptnahrungsmitteln und werden als Gottesgabe gerühmt. Der Prophet Micha schreibt: „Jeder wird unter seinem Weinstock und Feigenbaum

wohnen, und niemand wird sie schrecken" (Mi 4,4). So ist der Wein auch ein Zeichen des Friedens. In der Bibel ist er ein Symbol der Lebensfreude und Nähe Gottes.

Bei aller Mühe und Sorgfalt konnte es geschehen, dass der Wein „umkippte", man also Essig erhielt. Im heißen Klima Kleinasiens säuert der Essig nicht so stark wie bei uns. Ein Gast aus Palästina sagte mir einst: „In Deutschland ist der Essig sauer, bei uns ist er süß." Deshalb war auch zu biblischer Zeit der Essig ein beliebtes Getränk der Landarbeiter und Soldaten. In der Römischen Armee nannte man dieses Essiggemisch „Posca". Es gehörte selbstverständlich zum Marschgepäck eines Soldaten. In der Passionsgeschichte lesen wir, dass Jesus am Kreuz Essig gereicht bekommt. Wir Mitteleuropäer verstehen dies als eine Steigerung der Verspottung. Im Kontext Kleinasiens liest sich diese Begebenheit jedoch anders. Die römischen Soldaten teilten mit dem Gekreuzigten ihre eigene Getränkeration. Es war also keine Verspottung, sondern ein Akt der Barmherzigkeit.

Sie sehen, wie sich nur durch die Beschäftigung mit der Botanik des Heiligen Landes der Sinn mancher Bibelstellen verändern kann.

Aller Anfang ist klein

Eine Staude wird zum Symbol für das Himmelreich

„Gottes Reich gleicht einem Senfkorn (…); das ist das kleinste von allen Samenkörnern; wenn es aber hochwächst, so wird es ein Baum, sodass die Vögel in seinen Zweigen nisten." (Matthäus 13,31f.)

Naturwissenschaftlich hat Jesus unrecht. Natürlich gibt es Samen, die kleiner sind als der Senf. Und Senf ist auch kein Baum, sondern eine Staude. Aber Jesus hält auch keinen botanischen Fachvortrag, sondern er erzählt den Menschen von Gottes Wirken, der aus ganz kleinen Anfängen etwas Großes schaffen kann.

Senfkörner hatten zu biblischer Zeit im Leben der Menschen verschiedene Zwecke: Sie fanden z. B. Anwendung in der Medizin oder als Gewürz. Die Blätter der Staude wurden auch als Gemüse gegessen.

Betrachtet man das bei uns wachsende kleine Pflänzchen, so ist es kaum vorstellbar, dass im Evangelium diese Pflanze gemeint ist. Vermutlich ist in dem Gleichnis der schwarze Senf gemeint, der wild wie auch in seiner kultivierten Form vorkommt und im Klima des heiligen Landes ganz andere Wachstumsbedingungen vorfindet als in Mitteleuropa.

Der schwarze Senf ist eine einjährige Pflanze, sodass man an ihm jährlich das Wachsen aus dem winzigen Samenkorn gut beobachten konnte. Der Samen hat etwa die Größe von Mohn. Am See Genezareth ist er die höchste aller Senf- und Kohlgewächse und kann über 2 Meter hoch werden. Im Schatten der reich verzweigten Pflanze können bodenbrütende Vögel gut nisten.

Jesus hat diese auffällige Pflanze mehrfach für seine Vergleiche gewählt. In der neutestamentlichen Bildsprache wird auf den Kontrast zwischen der Kleinheit des Samens und der Größe der Staude Bezug genommen. In kirchlichen Kreisen spricht man gern vom „Senfkorn-Glauben", wenn ein Mensch trotz aller Zweifel und Fragen der Allmacht und Güte Gottes traut.

Brot, das an Bäumen wächst

Warum Propheten keine Insekten aßen

Zu den Pflanzen, die in der Bibel nur indirekt erwähnt werden, zählt der Johannisbrotbaum. Seine Schoten bestehen bis zu 50 Prozent aus Stärke und Zucker. Man nutzte in biblischer Zeit diese Schoten als Tierfutter, wie in der Geschichte vom verlorenen Sohn berichtet wird. In Notzeiten war es auch das „Brot der Armen". Auf unserem heutigen Speiseplan steht der Johannesbrotbaum übrigens auch. Schauen Sie einmal auf die Inhaltsliste von Puddingpulver. Da finden Sie oft die Angabe: „enthält E 410". Und das ist nichts anderes als Johannisbrotkernmehl.

Was hat nun aber der namensgebende Johannes der Täufer mit so viel schnöder Ernährungslehre zu schaffen? Am Beginn des Markusevangeliums lesen wir: „Johannes trug ein Gewand aus Kamelhaaren und aß Heuschrecken und wilden Honig." Insekten halten inzwischen Einzug in unsere Speisepläne, aber taten sie das bereits

vor 2000 Jahren? Die Antwort liegt ganz woanders: In der Sprache der Bibel heißen Heuschrecken **hagavim**. Die Schoten des Johannisbrotbaumes jedoch **haruvim**. Da sind die Kopisten der Heiligen Schrift wohl einem Schreibfehler im Bibeltext aufgesessen und schleppten ihn durch die Jahrhunderte mit. Johannes aß keine Heuschrecken, sondern die Schoten des Johannisbrotbaumes. Und auch bei dem „wilden Honig" dürfen wir nicht von unseren mitteleuropäischen Erfahrungen ausgehen. In der Bibel ist nirgends von Bienenzucht die Rede. In Sprüche 6,6 wird auch nicht die fleißige Biene als Vorbild hingestellt, sondern die Ameise. Mit Honig meinte man damals Pflanzenhonig, zum Beispiel den Dattelsirup. Datteln sind so nahrhaft, dass täglich fünf Datteln genügen, um 100 Tage Überleben zu sichern. Nur in Richter 14,7 und 1. Samuel 14,25f. ist ausdrücklich von Bienenhonig die Rede.

So wie alle heiligen Männer lebte also auch Johannes vegan. Er ernährte sich statt von Heuschrecken und Bienenhonig, von Johannisbrotschoten und Datteln. Wieder sehen wir, wie sich durch eine genaue Beschäftigung mit den Gegebenheiten im Heiligen Land manch zweifelhafte Bibelstelle klären lässt.

Gräber unterm Apfelbaum

Und: Wie der Apfel an den Baum der Erkenntnis kam

Kennen Sie das Sprichwort: „Ein Apfel am Tag hält den Doktor fern"? Schon Karl der Große gab um das Jahr 795 in seiner Landgüterverordnung verschiedene Apfelsorten vor. Im 12. Jahrhundert kamen von dem französischen Kloster Morimond Obstzüchtungen in das Zisterzienserkloster Pforta (heute: Landesschule Pforta). In dessen Landgut Borsdorf bei Leipzig wurde daraus die „Borsdorfer Renette" gezüchtet, eine der wichtigsten Apfelsorten des Mittelalters. Über die Zisterzienserklöster verbreitete sich diese Züchtung weit in Europa.

Bleiben wir ein wenig beim klösterlichen Leben. Auf dem berühmten Klosterplan von St. Gallen können Sie eine überraschende Entdeckung machen. Im Frühmittelalter lag der Begräbnisplatz der Mönche mitten im Obstgarten. Blühen, Reifen, Ernte und Win-

terruhe erinnerten an das Werden und Vergehen des Menschen. Gleichzeitig war das neue Erblühen im nächsten Jahr ein Zeichen der Hoffnung auf die Auferstehung. So wurde der Friedhof bildhafter Ausdruck des Glaubens der Menschen.

Natürlich können wir nicht über den Apfel sprechen, ohne uns zu fragen: Wie kommt eigentlich Eva zu ihrem Apfel? In der Bibel finden wir keinen Hinweis auf einen Apfelbaum im Paradies, es ist lediglich von einem „Baum der Erkenntnis von Gut und Böse" die Rede. Mit den Studien des Isidor von Pelusium im 4. Jahrhundert setzte sich der Apfel als Frucht des Sündenfalls durch. Nicht zuletzt dank der Wortgleichheit von „Apfel" und „Übel" im Lateinischen. Beides heißt in der lateinischen Bibelübersetzung „malum". Durch die Bilder von Lucas Cranach der Ältere und anderen Künstlern hat sich der Apfel ins Bewusstsein gebrannt. Und so deutet auch der Apfel, nach dem das Jesuskind greift, auf Christus, der die Sünden der Welt auf sich nimmt.

Aber nun genießen Sie doch erst einmal einen verführerisch süßen und irgendwie gar nicht so „üblen" Apfel.

Von Maria
und Engeln
in Flora und Fauna

Kleine Blume – große Geschichte

Eine Blüte erinnert an Gottes Gegenwart

Sobald im Frühjahr die ersten Sonnenstrahlen die Erde erwärmen, kann man dies Blümchen fast auf jedem Fleckchen Gras finden, und wohl mancher hat in seiner Kindheit mit ihr gespielt oder Kränze geflochten. Es ist das Gänseblümchen. Schon vor 2 500 Jahren verehrte man diese Pflanze im alten Babylon, und so ist es kein Wunder, dass sie das häufigste Motiv auf dem berühmten Ištartor im Berliner Pergamonmuseum ist.

Der volkstümliche Namen Gänseblümchen geht wohl darauf zurück, dass es besonders gern auf dem Dorfanger blühte, dessen Gras von den Gänsen kurz gehalten wurde. In den Klostergärten gab man ihr den Namen „St. Herba Mariae". Noch heute nennt man sie in einigen Gegenden „Maßliebchen", das heißt: „der Marie lieb". Die Natur war für die Menschen des Mittelalters wie ein „Buch des Glaubens". Wie sich die Blüte des Gänseblümchens

immer wieder zur Sonne ausrichtet, so sollte sich der Mensch auf Gott ausrichten. Das scheinbar immer gegenwärtige Gänseblümchen wurde zu einem Zeichen der immerwährenden Gegenwart Gottes und seiner Heiligen. Wie die Kelchblätter den Blütenkorb bei Unwetter schützten, so fühlten sich die

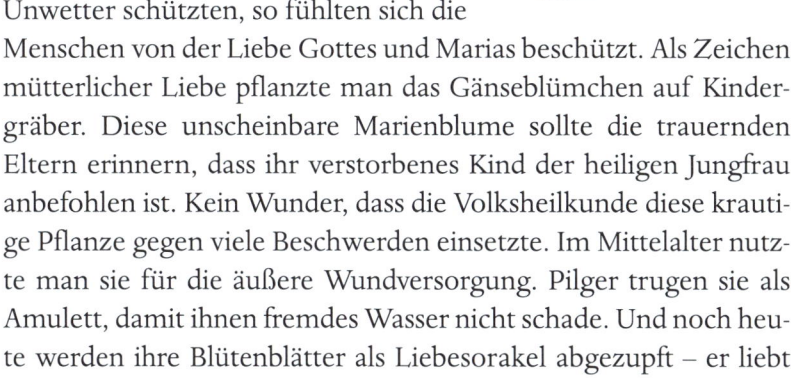

Menschen von der Liebe Gottes und Marias beschützt. Als Zeichen mütterlicher Liebe pflanzte man das Gänseblümchen auf Kindergräber. Diese unscheinbare Marienblume sollte die trauernden Eltern erinnern, dass ihr verstorbenes Kind der heiligen Jungfrau anbefohlen ist. Kein Wunder, dass die Volksheilkunde diese krautige Pflanze gegen viele Beschwerden einsetzte. Im Mittelalter nutzte man sie für die äußere Wundversorgung. Pilger trugen sie als Amulett, damit ihnen fremdes Wasser nicht schade. Und noch heute werden ihre Blütenblätter als Liebesorakel abgezupft – er liebt mich, er liebt mich nicht.

Vielleicht gelingt es Ihnen, die Natur nicht nur mit den Augen, sondern auch mit dem Herzen zu sehen. Vielleicht kann Ihnen das Gänseblümchen so zu einem Spiegel des eigenen Lebens und der Hoffnung werden.

Von Milch und Tränen

Wie Maria in der Pflanzenwelt verewigt wurde

Am 15. August feiert die Christenheit ein Fest, das etwa so alt ist wie Weihnachten. Je nach Gegend nennt man es „Mariä Himmelfahrt" oder „Heimgang Mariens". Welch wichtige Rolle Maria in den früheren Jahrhunderten für die Menschen spielte, wird noch heute an vielen Pflanzennamen deutlich.

Die Mariendistel mag als Beispiel solcher Verehrung dienen. Präparate dieser Pflanze fehlen auch heute in keiner Apotheke. Von der Mariendistel erzählt man sich folgende Legende: Als die heilige Familie auf der Flucht nach Ägypten Rast machte, stillte die Mutter ihren Sohn. Dabei fielen einige Tropfen Milch auf diese Pflanze. Die weißen Flecken darauf sieht man noch heute.

Oder betrachten wir den Frauenmantel. Mantel – dieses Wort bedeutete noch im 18. Jahrhundert einen ärmellosen Umhang. Die Blattform wird mit dem überwurfartigen Mantel verglichen, mit dem

Maria schon im frühen Mittelalter als „Schutzman-
telmadonna" dargestellt wird. „Mariä Tränen"
nennt man die kleinen Tropfen, die golden
glänzend an den gezähnten Blatträndern
austreten. Da die Pflanze nicht genügend
Wasser verdunsten kann, sondert sie dies
über solche Gutationstropfen an den Blättern
ab. Diese Tröpfchen enthalten Pflanzensäfte
und glänzen deshalb golden. Im Mittelalter
sammelten Alchemisten dieses „himmlische
Wasser", um daraus Gold zu gewinnen. Deshalb
ist der lateinische Name für den Frauenmantel „Alchemilla".

Die bekannteste Marienpflanze dürfte jedoch die Madonnenlilie
sein. Jahrhundertelang durch das Christentum als heidnisch abge-
lehnt, machte die Lilie schließlich im Mittelalter „Karriere". Wie-
so? Im biblischen Buch Daniel lesen wir von Susanna, die von zwei
lüsternen Männern begehrt wird. Als sie sich gegen deren Über-
griffe wehrt, beschuldigen beide sie verleumderisch des Ehebruchs.
Doch die Scharlatane werden überführt und Susanna kommt frei.
Wegen ihrer Unschuld und Reinheit gilt sie als Vorläuferin Mariens. Und weil man Susanna wörtlich als „die Lilie" übersetzt, war
die passende Blumensymbolik schnell gefunden. Um die Unschuld
Mariens zu betonen, wurde diese Blume in der Kunst übrigens oft
ohne Stempel und Staubfäden dargestellt.

Wenn Sie eine Erdbeerpflanze genau betrachten, können Sie eine
botanische Besonderheit beobachten. Die Pflanze blüht und fruch-
tet zur gleichen Zeit. Diese Eigenschaft machte sie zur Marienpflanze. Denn für die mittelalterlichen Menschen war dies ein Hinweis auf die jungfräuliche Mutterschaft Mariens.

Welche Marienpflanzen sind Ihnen noch bekannt?

Die kleine Kuh Gottes

Wie der Marienkäfer zu seinem Namen kam

Gehören Sie auch zu den Menschen, die vor einer Spinne davonlaufen? Viele Sechsfüßer sind uns nicht ganz geheuer und wir wollen sie nicht im Haus haben, egal ob es sich um Ameisen, Fliegen oder Hummeln handelt. Aber ein Tier macht da eine Ausnahme. Wir empfinden es sogar als angenehm und niedlich, wenn wir sein Krabbeln auf unserer warmen Haut spüren: Es ist der Marienkäfer.

Marienkäfer haben eine unterschiedliche Anzahl schwarzer Punkte auf ihren roten Deckflügeln. Bei uns ist der Sieben-Punkt-Marienkäfer am verbreitetsten. Die Zahl sieben gilt im Christentum als heilige Zahl. Der Marienkäfer wurde daher mit dem himmlischen Paradies in Verbindung gebracht. Man sah ihn als Boten oder Diener der Gottesmutter Maria. Die sieben Punkte wurden im Mittelalter auch als Hinweis auf die sieben Schmerzen Marias verstanden. Da der kleine rote Käfer mit seinen schwarzen Punkten an all dies erinnerte, nannte man ihn „Marienkäfer".

Zugleich ist dieses kleine Insekt aber auch ein „Glückskäfer" für die Menschen. Dazu muss man wissen, dass Marienkäfer nur dort in der Natur anzutreffen sind, wo es auch Spinnmilben und Pflanzenläuse gibt. Eine Marienkäferlarve verzehrt kurz vor ihrer Verpuppung etwa 40 Blattläuse pro Stunde. Der ausgewachsene Käfer bringt es dann auf noch einmal 5 000 Blattläuse. Die Nachkommen eines einzigen Marienkäfers vertilgen im Jahr 100 000 Blattläuse. In der landwirtschaftlich geprägten Welt des Mittelalters waren Marienkäfer also ein Glück für die Bauern. Man war überzeugt, dass dieses nützliche Tier ein Geschenk des Himmels ist. So nannte man die Käfer auch „Muttergotteskälbchen". Manchmal hört man auch den Ausdruck „Mutschekälbchen" oder „Motschekiebchen" für den Marienkäfer. Doch wie kommt man bei diesem kleinen Tier auf ein Kälbchen?

Im Russischen nennt man den Marienkäfer sogar „Божья коровка / Bož'ja karovka", das heißt „kleine Kuh Gottes"; Gott steckt hier übrigens im russischen Adjektiv, weshalb man es selbstverständlich großschreibt! Vermutlich sah man den Marienkäfer früher als Nutztier, welches es zwar nicht an Gewicht, aber an Wichtigkeit mit den Rindern aufnehmen konnte. Denn nur wenn die Käfer die Blätter ordentlich „abweideten", war die Ernte vor Schädlingen sicher. Doch anders als das Hausvieh, welches der Bauer lenken konnte, führten und leiteten dieses kleine Tier wohl die himmlischen Mächte.

Wenn sich also wieder einmal ein solcher „Herrgottskäfer" auf Ihrer Hand niederlässt, vergessen Sie für einen Augenblick ihre Sorgen und denken Sie an all das Glück, das Ihnen der Himmel bisher bescherte.

Retter, Heiler, Betörer

Engel in unseren Gärten

Im Herbst können Sie auf manchen Magerwiesen die Silberdistel bewundern. Zu ihrem lateinischen Namen „Carlina" erzählt man sich folgende Legende: Nachdem in seinem Heer die Pest ausgebrochen war, erschien Karl dem Großen ein Engel im Traum, der ihm befahl, am kommenden Morgen einen Pfeil in die Luft zu schießen. Der Frankenkönig tat, wie ihm geheißen; der herabfallende Pfeil durchbohrte die Silberdistel. Die so markierte Heilwurzel errettete das Heer vor dem Schwarzen Tod.

Wahrscheinlich waren es die Wikinger, die im 10. Jahrhundert (also etwa 200 Jahre nach dem Frankenkönig Karl) ein Doldengewächs nach Mitteleuropa brachten, das alsbald in den hiesigen Klostergärten angepflanzt wurde. Binnen Kurzem erzählte man sich im Volk, ein Engel habe die Mönche auf diese Pflanze als Schutz vor der Pest hingewiesen. Man nannte sie deshalb Engelwurz. Noch heute sind Wirkstoffe dieser Pflanze Angelika, so der botanische Name (von lateinisch angelus – Engel), in vielen Präparaten enthalten.

Merken Sie etwas? Beide Male begegnen uns die Engel als Gottes Schutzboten. In den späteren Jahrhunderten änderten sich die Vorstellungen von Engeln. Als aus der Neuen Welt fremde Pflanzen nach Europa kamen, fand darum auch das „jeweils aktuelle Engelsbild" in den Pflanzennamen seinen Niederschlag. Die Engelstrompete (Brugmansia) kann mit ihrer Wirkung Halluzinationen erzeugen, sodass man „die Engel singen hört". Oder das Engelsgras (Stipa), das stark an die Haarpracht einer Blondine erinnert. Und tatsächlich wandelten sich auch in der Kunst die Engeldarstellungen mehr und mehr zu Frauengestalten.

Vielleicht fragen Sie jetzt: Und – wie ist das nun mit den Engeln? Das griechische Wort „angelos" meint nichts anderes als den Boten. Mein Postbote ist zwar kein „Flügelträger", aber wenn er einen Brief in meinen Kasten wirft, schafft er doch dadurch eine Verbindung zu weit entfernten Freunden und Verwandten. So sind auch die Engel nichts anderes als Gottes Boten zu seinen weit entfernten Kindern. Auch ihr Nachbar oder Sie selbst können für einen andern Menschen zu solch einem Boten – einem Engel – werden. Die Vorstellung eines persönlichen Schutzengels hat Menschen immer wieder ermutigt, gegen das Unheil in unserer Welt anzugehen. Und so wünsche ich Ihnen: Gottes heiliger Engel sei mit Ihnen, dass Ihre Seele bewahrt bleibt vor den Mächten des Bösen.

Die Speise der Seligen

Über unsere Gärten und ein demütiges Pflänzchen

Hier in Mitteleuropa setzten sich die Gärten, ausgehend von den Klöstern, vor 1000 Jahren ganz allmählich durch. Nun musste man die Heil- oder Nutzpflanzen nicht mehr in den Wäldern oder auf den Wiesen suchen. Der Garten wurde ein Stück gezähmte Natur. Der Begriff *Garten* leitet sich von dem Wort „Gerte" ab. Noch heute kann man in einigen Gegenden sehen, wie durch einfache verflochtene Gerten das kultivierte Land umzäunt wird. Ein eher nüchterner Vermessungsvorgang, den man auch Einfriedung nennt. Doch in diesem Wort klingt sehr viel mehr mit: nämlich dass Gärten Leib und Seele Geborgenheit geben.

Später waren Schlösser oder Gutshöfe von einem Park umgeben. Dieses Wort leitet sich von „Paradies" ab und meint eine von einer Mauer oder Zaun eingeschlossene Fläche. Erst im 19. Jahrhundert entstand der frei zugängliche Volkspark.

Doch nun wollen wir eine kleine, beliebte Pflanze unserer Gärten genauer betrachten. Es ist die Erdbeere. Neben den großen, leckeren Früchten verrät uns diese Pflanze noch andere interessante Dinge. Bei den Römern war die Erdbeere ein Symbol für das weit zurückliegende „Goldene Zeitalter". Man hielt sie für die Speise der Seligen. Die ersten Christen deuteten dieses „Goldene Zeitalter" als Paradies. Und so ließen sie Erdbeeren als Vorgeschmack der Seelen auf das Paradies auf den Gräbern wachsen. Wenn Sie eine Erdbeerpflanze beobachten, werden Sie sehen, sie kann gleichzeitig blühen und Früchte tragen. Damit wurde sie zu einem Symbol der jungfräulichen Mutterschaft Mariens. Das Mittelalter war eine magische Zeit. Man hielt die ganze Natur für beseelt. So deutete man Naturbeobachtungen als göttliche Hinweise. Hier in Mitteleuropa versinnbildlichen deshalb viele heimische Pflanzen christliche Aussagen. Der niedrige Wuchs der Erdbeere ließ sie schon bald zu einem Symbol der Bescheidenheit und Demut werden. Die Erdbeeren des Mittelalters waren kleiner als unsere heutigen Züchtungen, wir können sie mit unseren Walderdbeeren vergleichen. Die kleinen roten Früchte erinnern an Blutstropfen. Die fünf Blütenblätter waren ein Hinweis auf die fünf Wunden Christi. Die dreiteiligen Blätter schließlich wurden als Symbol der Dreieinigkeit gesehen.

Auf mittelalterlichen Gemälden waren Blumen und Pflanzen nicht nur schmückendes Beiwerk, sondern sie sprachen in ihrer speziellen Symbolik die Menschen an und unterstützten die Aussagen des Künstlers. So finden wir die kleine Erdbeere auf vielen alten Gemälden. Sei es auf dem „Paradiesgärtlein" von 1410, dem Einhornaltar im Erfurter Dom oder auch auf dem Weimarer Cranachaltar unterhalb des Gottes Lammes. Dort ergänzt sie die Aussagen zu Christus und seinem Opfertod.

Dieses kleine Pflänzchen will Ihnen Lust machen, die „frohe Botschaft" auch im eigenen Garten zu suchen.

Epilog

Warum die Bibel kein botanisches Lehrbuch ist

Etwa 110 Pflanzen werden in der Bibel namentlich genannt. Und so sind wir uns beim Lesen eines Textes recht sicher, dass die jeweilige Pflanze auch tatsächlich gemeint ist. Leider ist dies bei solch alten Texten nicht immer der Fall. Denn im hebräischen Urtext kann oft erst durch den Textzusammenhang dem dort genannten Pflanzennamen eine konkrete Pflanze zugeordnet werden. Zum Beispiel wird für die Zeder, die Tanne und die Tamariske das gleiche hebräische Wort gebraucht. Andere Worte bleiben rätselhaft: tappûaḥ etwa bedeutet „der Duftende". Doch welche Frucht könnte damit gemeint sein, der Apfel, die Aprikose oder eine Zitrusfrucht?

Erst 1718 erschien in Europa das erste botanische Buch über die Pflanzenwelt Vorderasiens. Davor griffen Luther und andere Bibelübersetzer auf damals bekannte Pflanzennamen zurück. Der Zöllner Zachäus stieg beispielsweise auf einen Maulbeerfeigenbaum. Luther machte daraus den in Mitteleuropa bekannten Maulbeerbaum.

Oder die Übersetzer befragten Pilger, die aus dem Heiligen Land zurückkehrten. Durch das Klima im biblischen Land wachsen dort ganz andere Pflanzen als hier in Mitteleuropa. Also ersetzten die Übersetzer die beschriebenen Pflanzen durch ähnliche bekannte einheimische Gewächse. Der kleine Mose landete so statt in einer Papyrusschachtel, in einem Binsenkörbchen. Trotz all dieser Änderung blieb der Sinn erhalten. Wichtig ist ja nicht, aus welchem Material

das Körbchen war, sondern dass das Kind am Nilufer versteckt wurde.

Im Römerbrief benutzt Paulus das Bild eines Ölbaums. Er schreibt, dem kultivierten Baum (– dem Judentum) seien die Heiden als wilde Zweige aufgepfropft. So haben sie Anteil an Gottes Heil. Botanisch ist es jedoch genau umgekehrt. Die Zweige eines edlen Baumes werden einem wilden Baum aufgepfropft. Paulus will jedoch keine Anleitung der Baumveredlung geben, sondern er erinnert an die gemeinsamen Wurzeln des Glaubens.

Bei der Beschäftigung mit Bibelpflanzen muss uns immer bewusst sein: Die erwähnten Pflanzen sind nur schwer eindeutig bestimmbar. Auch trennen uns mehrere tausend Jahre von den alten Texten. Dennoch spiegeln die Bibelpflanzen die Umwelt und den Alltag der damaligen Menschen wider. Sie lassen uns ein Stück am damaligen Leben teilhaben. Denn die Bibel ist Gottes Wort mitten im Leben der Menschen und kein botanisches Lehrbuch.

Pflanzenregister

Bildverzeichnis

S. 11: Das Kreuz als Lebensbaum im Misereor-Hungertuch „Die Welt der Bibel" von Jaques Chéry, aus Haiti von 1982. Die Fülle der rettenden Macht Jesu wird in den riesigen, überreichen Früchten deutlich.

S. 12: Israelische 10-Schekel-Münze (1996–2010) mit siebenblättriger Palme und zwei Körben mit Datteln.

S. 15: Christus in der Mandorla als Weltenherrscher (Offenbarung 4,2f), Fresco in der romanischen Kirche San Giovanni in Bozen.

S. 25: Sultan Sueleyman I., der Turban erinnert an die Knospe einer Tulpe – Gemälde aus dem Umkreis Tizians, um 1530.

S. 26: Tafelgemälde von Martin Schongauer „Madonna im Rosenhag", 1473 Mischtechnik auf Holz, Dominikanerkirche Colmar. Vorn links ist eine ungefüllte Pfingstrose zu sehen.

S. 28: Bei dem Versuch, das Johanniskraut zu pflücken, färben sich die Finger rot.

S. 34/35: Rekonstruierter Gartenplan nach dem Gedicht „Hortulus" von Walahfrid Strabo; auf der gegenüberliegenden Seite nachgebaute Anlage dieses Urgartens auf der Insel Reichenau (Bodensee).

S. 39: Wurzelstock des Salomonssiegels mit siegelähnlichen Narben.

S. 41: Diese Form der Lutherrose diente dem Reformator zur Kennzeichnung der von ihm autorisierten Drucke.

S. 44: Feststrauß aus Palme, Myrte, Weide und Etrogfrucht (Zitronat-Zitrone) zum jüdischen Laubhüttenfest.

S. 46: Der Ginkgo gilt als älteste Pflanzenart weltweit. Das lebende Fossil kann ein Alter von bis zu 1000 Jahren erreichen.

S. 47: Der Gott Mars mit Ölzweig als Friedensbringer auf einer römischen Münze um 250 n. Chr.

S. 49: Akanthusblätter an einem Säulenkapitell.

S. 54: Antike Handmühle; durch die Öffnung auf der Oberseite wird das Getreide eingefüllt. Der obere Mahlstein hat ein Gewicht von ca. 8 kg.

S. 58: Wilde Senfblumen am See Genezareth (Nordisrael).

S. 60: Wenn auch die langen, braunen Schoten mit ihren lederartigen Hüllen nicht besonders appetitlich erscheinen, galten sie doch in den Ländern des Mittelmeerraums früher als Süßigkeit.

S. 62: „Paradies" von Lucas Cranach d. Ä., um 1530. In den einzelnen Bildteilen wird die Geschichte von der Erschaffung Adams bis zur Vertreibung aus dem Paradies erzählt. Hinten rechts der Apfelbaum. Cranach hat der Schlange einen menschlichen Oberkörper gegeben.

S. 66: Ištar, die wichtigste babylonische Göttin, wurde als Morgen- und Abendstern in Babylon verehrt. Das 16-blättrige Gänseblümchen schafft die Verbindung zum Stern und ist neben dem Löwen das häufigste Element am Ištar-Tor, eines der Stadttore von Babylon (heute im Irak).

S. 73: Die Ureinwohner Südamerikas haben die Engelstrompete zu medizinischen Zwecken verwendet. Daneben können Blüten und Blätter einen stark berauschenden Effekt haben.

S. 74: Das Gemälde „Paradiesgärtlein" (Oberrheinischer Meister, um 1410/1420) zeigt in realistischer Naturbeobachtung 24 Pflanzen- und 12 Vogelarten. Die Erdbeere finden Sie rechts der Mitte, neben dem Engel Michael.

S. 76: Garten Gethsemane mit alten Ölbäumen, nahe Jerusalem.

S. 77: Das erste Blatt der Berliner Gutenberg-Bibel. Die Initiale „I" des „In principio creavit deus" (Am Anfang schuf Gott) sehen wir als blauen Balken am linken Seitenrand. Sechs darin enthaltene Medaillons geben die Schöpfungsgeschichte wieder. Unten entsprießt der Initiale ein üppiger Schmuck aus Pflanzen und Tieren.